Zukunft kommt von selbst - Fortschritt nicht.

Georg Lukács

Inhaltsverzeichnis

Prolog

Das Internet der Dinge ist bereits da – im kleinen Wearable und im grossen Fernbus. Wir sind vernetzt und generieren Daten, vernetzen Geräte und Dienste, nutzen Dienste bewusst und unbewusst. Dennoch sind wir erst am Anfang – wenn auch das Tempo massgeblich fremdgesteuert wird. Wohin die Reise führen wird wissen derzeit nur wenige. Wir stehen aber am Beginn einer Evolution der Wirtschaftsgeschichte, welche an Geschwindigkeit und Wirkung zunehmen wird, wie keine Industrielle Revolution vor ihr. Unternehmen und Privatpersonen sollten sich darum aktiv mit dem Thema auseinandersetzen, engagieren und informieren, denn letzten Endes geht es um unser aller Zukunft.

Dieses Buch soll in drei Kapiteln einen Einblick geben in die wichtigsten Themen um sattelfest zu werden in den Themen Industrie 4.0, Blockchain und dem Internet der Dinge. Ich wünsche Ihnen viel Vergnügen und Inspiration beim Lesen der Lektüre.

Begriffserklärungen

Internet der Dinge (auch Englisch Internet of Things, IoT) beschreibt, dass der Personal Computer zunehmend als Gerät verschwindet und durch „intelligente Gegenstände" ersetzt wird. Statt selbst Gegenstand der menschlichen Aufmerksamkeit zu sein, soll das „Internet der Dinge" den Menschen bei seinen Tätigkeiten unmerklich unterstützen. Die immer kleineren eingebetteten Computer sollen weder ablenken noch auffallen. Zum Teil werden miniaturisierte Computer, so genannte Wearables, mit unterschiedlichen Sensoren direkt in Kleidungsstücke eingearbeitet.

Machine-to-Machine (kurz M2M) steht für den automatisierten Informationsaustausch zwischen Endgeräten wie Maschinen, Automaten, Fahrzeugen oder Containern, entweder untereinander, oder durch eine zentrale Leitstelle. Dies erfolgt zunehmend unter der Nutzung des Internets und den verschiedenen Zugangsnetzen, wie dem Mobilfunknetz. Eine mögliche Anwendung ist die Fernüberwachung, -kontrolle und -wartung von Maschinen, Anlagen und Systemen, die traditionell als Telemetrie bezeichnet wird. Die M2M-Technologie verknüpft dabei Informations- und Kommunikationstechnik.

Industrie 4.0 ist ein Zukunftsprojekt in der Hightech-Strategie der Bundesregierung, mit dem die Informatisierung der klassischen

Industrien, wie z.B. der Produktionstechnik, vorangetrieben werden soll.Das Ziel ist die intelligente Fabrik (Smart Factory), die sich durch Wandlungsfähigkeit, Ressourceneffizienz und Ergonomie sowie die Integration von Kunden und Geschäftspartnern in Geschäfts- und Wertschöpfungsprozesse auszeichnet.Technologische Grundlage sind Cyber-physische Systeme und das Internet der Dinge (IoT).

Industrial Internet of Things (IIoT) repräsentiert das industrielle Konzept eines Internet of Things (IoT), das andere IoT-Konzept ist verbraucherorientiert. Das IIoT-Konzept ist ein Trend, der neben vielen anderen IT-Techniken der Verbesserung der betrieblichen Effektivität dient. Unternehmen können über das IIoT weiteres Unternehmenswachstum generieren und verbesserte Wettbewerbsbedingungen realisieren und damit die Zukunftsfähigkeit des Unternehmens sichern, somit ist IIoT der industrielle Ansatz beim IoT.

Erster Teil: Die vierte industrielle Revolution

Das Thema am diesjährigen World Economic Forum in Davos war die gegenwärtige Entwicklung der Industrie. Nach den vergangenen industriellen Revolutionen, der Mechanisierung mittels Wasser- und Dampfkraft, der Elektrizität und Massenproduktion, sowie der Automation und dem Zeitalter der Informationstechnologie, kommt nun die vierte Welle auf uns zu: Die Digitalisierung der Industrie. Man spricht dabei von „cyber-physischer Produktion", oder auch "künstlich intelligenter Produktion". Dabei herrscht jedoch noch einiges an Unwissen, vor allem auf der Führungsetage in KMU. Darum ist es nicht weiter verwunderlich, werfen derzeit Beratungsunternehmen und Vordenker mit Begriffen wie Transformation, Digitalisierung und Revolution, nur so um sich.

Industrie 4.0, Internet of Things, Cloud – diese Begriffe sind momentan in aller Munde. Meist fehlt jedoch noch ein einheitliches Verständnis darüber, was sie bedeuten, wie sie in der Industrie umzusetzen sind und vor allem, welchen Nutzen die Anwender davon haben. Was fehlt, sind konkrete Wissensblöcke und Anweisungen. Wir versuchen hier etwas Abhilfe zu schaffen.

Um die Unternehmen beim digitalen Wandel im Rahmen einer Wirtschafts-Transformation zu begleiten, haben die Branchenverbände

Swissmem, Electrosuisse, Asut, und SwissT.net letztes Jahr die Initiative "Industrie 2025" lanciert. Ziel der Initiative ist es, Wissen über die Industrie 4.0 zu vermitteln, Konzepte in die Industrie zu tragen, Akteure zu vernetzen und sie in der konkreten Umsetzung zu unterstützen.

Was ist diese Industrie 4.0 eigentlich?

Für die einen ist es eine Revolution, für die anderen eine logische Konsequenz der Digitalisierung und Vernetzung durch das Internet. Ende des 18. Jahrhunderts machten Wasserkraft und Dampfmaschine eine mechanische Produktion möglich. Dann folgte im 19. Jahrhundert die Elektrizität und mit dem Fliessband die Massenproduktion. Mitte der 1970er-Jahre begann die Automatisierung, als Computer und Industrieroboter Einzug in die Fabriken hielten. Und die vierte industrielle Revolution startete Ende der 90er-Jahre mit dem Durchbruch des Internets. Die Einführung von Internetfunktionen in die Produktion, ermöglichte völlig neue Dimensionen: Physische und virtuelle Systeme konnten miteinander verbunden werden. Vernetzte Systeme lassen bereits heute Maschinen miteinander kommunizieren, und selbstlernende Software optimiert komplexe Abläufe. Es ist also weniger ein Modebegriff als schon vielerorts Realität. Industrie 4.0 steht jedoch für eine vollständig digitalisierte Wertschöpfungskette einer Firma. Geräte, Maschinen und Materialien kommunizieren miteinander und ermöglichen so einen reibungslosen Ablauf, und das auf intelligente Weise: lernfähig und ohne Einflussnahme des Menschen.

Der grosse Unterschied von den Anfängen in den 2000er Jahren bis heute ist, dass dies, ähnlich wie damals bei der Einführung von Computern, oft nur grossen Firmen mit ebenso grossen Budgets vorbehalten war. Seit einigen Jahren mehren sich jedoch die Möglichkeiten für den Bezug von günstigen Komponenten und die Verbindung von bestehender Basissoftware. Und intelligente Systeme im Haushalt, Verkehr und Logistik schleichen sich in den Alltag.

Sensoren- und Prozesse kombinieren

Laut einer aktuellen Prognose des US-Netzwerkspezialisten Cisco, wird sich die Zahl aller am Internet verbundenen Geräte innerhalb von nur fünf Jahren verdoppeln. So soll das Internet der Dinge im Jahr 2020 insgesamt 50 Milliarden Smartphones, PCs, Wearables, Sensoren und sonstige Geräte umfassen. Durch deren Verknüpfung werden diese Dinge intelligent und deswegen spricht man vom "Internet of Things" (IoT). Analog sind die physischen und digitalen Komponenten in einem Netz mit logischer Architektur verbunden. Man kann sich das Internet of Things als die intelligente Version einer Machine-to-Machine-Kommunikation (M2M) vorstellen, die mit einer sensorbasierten Datenerfassung und einer prozessorbasierten Entscheidungsfindung gekoppelt ist. Damit diese Kommunikation stattfinden kann, braucht es dazu Kommunikationsbandbreite. Und damit die vielen Geräte nicht das Mobilnetz belasten, arbeitet z.B. die Swisscom daran, ein eigenes IoT Netz aufzubauen. Das sogenannte Low Power Network (LPN) soll die Kommunikation unter Maschinen auf Mobilfunkbasis möglich machen. Findet eine flächendeckende Vernetzung statt, spricht man von Smart Connections oder von Verbünden.

Die Industrie 4.0 ist eigentlich nur die konsequente Anwendung des IoT in der industriellen Fertigung. Wer sich mit dem Einstieg in die Industrie 4.0 beschäftigt, sollte sich nicht von abstrakten Visionen leiten lassen. Grundsätzlich geht es primär um die Implementierung von Prozessverbesserungen und Produktivitätssteigerungen, nicht um den Einsatz revolutionärer Technologien an sich. Unternehmen müssen nach der Identifikation von Prozessschwachstellen prüfen, ob bei der Optimierung ein Nutzen durch den Einsatz von ICT-Technologien und Vernetzungskonzepten erzielt werden kann, wobei die Kosten/Nutzen-Frage zu beachten ist. So kann man heutzutage z.B. mit RFID spannende und effiziente Logistiklösungen bauen, jedoch sind die Kosteneinsparungen in der Praxis noch zu wenig attraktiv.

Herausforderung Fachkräftemangel

Prozessoptimierungen kombiniert mit dem Einsatz von intelligenten Netzwerkkomponenten und Systemen. Kein einfaches, sondern ein sogar sehr anspruchsvolles Unterfangen. Es braucht Fachleute von hoher Qualität mit sehr viel Know-How. Als gutes Beispiel eignet sich die Automobilbranche. Autos werden vermehrt mit komplizierten Technologien wie Sensoren ausgestattet. Im Rückspiegel integrierte Sensoren bieten eine intelligente Parkassistenz, welche Fussgänger und andere Hindernisse erkennen. Um einen entsprechenden Service zu garantieren, müssen sich die heutigen Werkstätten innert kürzester Zeit zu Hightech-Garagen wandeln oder externe Hilfe beiziehen. Dies erfordert spezifisches Know-How und geschultes und sich stetig weiterbildendes Fachpersonal.

Noch sind Fachkräfte zu diesem Thema Mangelware, wobei es hier in Europa, und vor allem in der Schweiz, ziemlich gut aussieht. Aus den USA weiss man, dass im Hightech-Bereich ein Arbeitsplatz in der Produktion bis zu 15 Arbeitsplätze im Service generiert. An diesem Hebel müssen Schweizer KMU ansetzen. Es liegt an den kleinen und mittleren Unternehmen, Werbung für dieses Gewerbe zu machen. Dort könnte die Politik mit einer Ausbildungsoffensive der Wirtschaft einen sehr guten Dienst erweisen. Naturwissenschaftler, Ingenieure, Mathematiker,

Chemiker, usw. – diese Berufe sichern die Zukunft und Unabhängigkeit des Wirtschaftsstandortes. Die Schweiz hat beste Voraussetzungen, beim Thema Industrie 4.0 eine Pionierrolle einzunehmen. Sie liegt bei wichtigen Indikatoren vorne. Zum Beispiel arbeiten 6% der Schweizer Arbeitnehmer in technologie- und wissensintensiven Sektoren, was einen europäischer Spitzenwert darstellt. Ausserdem weist kein anderes Land in Europa eine höhere Wertschöpfung in der industriellen Produktion pro Mitarbeiter auf.

Chancen und Möglichkeiten für KMU

Was ist nun die gegenwärtige industrielle Revolution? Unterschieden werden die dritte und vierte industrielle Revolutionen vor allem mit dem Umstand, dass künstliche Intelligenz zu den industriellen Prozessen hinzugeführt wird. Wie der Lagerroboter, der "merkt", dass ein Lager leer wird und den schnellsten Weg zur Auffüllung findet. Oder der Spritzroboter welcher eigenständig feststellt, dass seine Farbe falsch gewählt wurde und sich im Prozess um die Umfärbung kümmert. Oder das fast tollste, weil mit knapp CHF 1'000, erschwinglichste Beispiel: der selbstlernende, selbstfahrende Wagen. Bemerkenswert ist hier vor allem das Element „selbstlernend". Der Erfinder ging nämlich mit dem Ansatz heran, nicht alle Parameter vollständig zu definieren und zu programmieren. Er baute einen Modus ein, welcher dem Auto ermöglicht, in zehn Fahrstunden das Autofahren zu lernen. Das heisst, kein „perfektes", sondern ein „menschliches" Fahren eines Autos. Der Bericht von Bloomberg ist mit einem spannenden Videoeinblick versehen. Auch Tesla lässt nicht auf sich warten, was unter der Replik von Elon Musk beschrieben wird.

Viele Technologien stehen Bereit, aber die Herausforderung liegt nicht in den 99% der aufgezeigten Möglichkeiten, sondern in 1% der Realisierbarkeit im Alltag. Unmengen von Daten werden im Millisekundentakt von Peer-to-Peer übermittelt und müssen empfangen, verifiziert und protokolliert werden, um später ausgewertet, verbessert und optimiert zu werden. Hier werden die Themem Datensicherheit und Datenrückverfolgbarkeit von grosser Bedeutung. Diese Themen werden wir im nächsten Teil unter „Blockchain" erläutern.

Zweiter Teil: Blockchain: lückenlose Datenhoheit in der Industrie 4.0

Der erste Teil beschrieb die Grundlagen und theoretische Möglichkeiten im Bereich 4.0. Dabei wurde dem Thema Datenhoheit, dessen Verfolgbarkeit und Transaktionssicherheit, hoher Stellenwert beigemessen. Heutige Datenübermittlungsprotokolle und Verifizierungen laufen immer noch über Server und Datenbanken, oft zeitverzögert und kontrolliert von einzelnen Instanzen. Fast unbemerkt hat sich jedoch eine Technologiemöglichkeit durchgesetzt, welche sich mit der Verschlüsselung und Verifizierung von komplexen Datentransaktionen beschäftigt: die Blockchain Technologie.

Blockchain und Bitcoin werden einige für unzertrennlich halten und sie haben damit Recht. Denn Blockchain ist die Technologie hinter der Kryptowährung Bitcoin. In ihr steckt aber viel mehr als „nur" ein Zahlungsmittel. Dazu bedarf es jedoch einem kleinen theoretischen Unterbau. Um eine digitale Transaktion durchzuführen, müssen vorerst einige Dinge geklärt werden. Einerseits muss überprüft werden, ob der Sender die Werte überhaupt besitzt und er diese auch wirklich versenden möchte und andererseits muss eine Instanz oder ein Mechanismus abklären, ob der Sender denselben Wert nicht mehrfach versenden will. Diese Prozesse wurden bis anhin von einer dritten Instanz wie einem zentralen Server oder Service festgehalten (wie z.B. der SIX in der Schweiz im Bereich Zahlungsverkehr oder Börsengeschäfte). Die Blockhain Technologie ermöglicht nun, all diese Informationen in einer öffentlichen Datenbank, einer sogenannten Datenbankkette, festzuhalten.

Datenbanken, die sich selbst aufdatieren

In der neuen digitalen Wirtschaftsordnung werden Blockchains eine zentrale Rolle spielen. Nüchtern betrachtet, ist alles simpel: Die Blockchain (Blockkette) ist eine Datenbank, die sich nach vorgegebenen Regeln selbst aufdatiert. Für eine wachsende Schar von IT-Enthusiasten ist die Blockchain aber weit mehr: Es ist der Schlüssel zu einer neuen und viel besseren Welt. Stellen Sie sich einmal vor, Sie könnten sich komfortabel von Hotspot zu Hotspot verbinden und nur für diese wenigen Sekunden bezahlen, während Sie mit der Tram durch die Stadt fahren. Den Sicherheitsaspekt mal aussen vor gelassen, Blockchain könnte genau dieses Szenario ermöglichen. Keine langen Verträge, keine Kündigungsfristen, keine Verbindungsabbrüche, kein Vertrauen auf Telekomanbieter oder andere Betreiber.

Bisher ist die Blockchain vor allem im Zusammenhang mit Bitcoin bekannt. Doch neun der weltgrössten Banken untersuchen derzeit, wie sie die Technik für transparente Transaktionen zwischen Computern selbst nutzen können. Die elektronische US-Börse Nasdaq hat angekündigt, mit der Bitcoin-Blockchain das sichere Ausstellen und den Transfer von Aktien zu ermöglichen. Und die Musikindustrie erhofft sich mit der Blockchain ihr Geschäft zu retten. Zwar sind die meisten der Projekte noch im Alpha- oder sehr frühem Betastadium, doch schon bald werden sie zum Alltag.

Ihren Namen verdankt die Blockchain den Block-Dateien, welche Informationen über Transaktionen speichern. Jede einzelne Transaktion wird zusammengefasst und in Blöcken abgewickelt, sofern sie noch nicht in der Blockchain erfasst ist.

Ist ein Block „vollständig", ergibt sich ein neuer Block und somit entsteht eine Kette. In jedem neuen Block ist der Hash-Wert seines Vorgängerblocks enthalten, das stellt sicher, dass eine ununterbrochene Kette entsteht, über die sich die Blockchain vom jeweils aktuellen Block aus zurückrechnen lässt.

Das zentrale Kassabuch kann man daher mit einem Gestein vergleichen. Die einzelnen Schichten werden blockweise erfasst und aufeinander geschichtet. Keine einzige Zahlung – und sei sie noch so klein – geht dabei verloren.

Drei entscheidende Vorteile zeichnen das neue System aus:

1. Transaktionen können in Echtzeit abgewickelt werden
2. Sie erfolgen anonym (aber rückverfolgbar)
3. Und es braucht dafür keine Zwischenhändler wie Banken oder Kreditkarteninstitute.

Mehrstufiges, komplexes System

Das Erstellen eines neuen Blocks ist nicht trivial: Jeder wird durch eine komplexe Berechnung erstellt, welche durch sogenannte „Miners" (Engl. Minenarbeiter) gelöst wird. Das System verwendet dabei den SHA-256-Hashing-Algorithmus. Je mehr Blocks berechnet wurden, desto schwieriger und rechenintensiver wird diese Aufgabe. Nach jeweils 2016 erstellten Blocks, also etwa alle 14 Tage, wird dazu das Schwierigkeitsziel des Systems angepasst. Ziel ist es, dass ungefähr alle zehn Minuten eine Aufgabe gelöst wird. Sobald ein Knoten im Netzwerk die aktuelle Aufgabe gelöst hat, wird der Block angehängt.

Damit ein Block gültig wird, müssen einige Voraussetzungen erfüllt werden: Alle Bitcoin-Clients teilen sich das sogenannte Target, eine 256 bit lange Nummer. Der Hash eines neuen Blocks muss dem Target entsprechen oder kleiner sein als das Target. Das macht die Berechnung der Blocks zu einem Glücksspiel: Ist der Hash gleich oder kleiner als das Target, kann der Block gültig werden. Falls nicht, ändern die berechnenden Knoten einen Wert im sogenannten Nonce, einem speziellen, 32 bit grossen Feld, und errechnen den Hash-Wert erneut. Durch die Änderung ist der Wert komplett neu, sobald er berechnet ist, wird er wieder mit dem Target verglichen.

Erfüllt der neue Block nun die Vorgaben, was auch als Proof of Work bezeichnet wird, wird er Teil der Blockchain, und die Berechnung des nächsten Blocks beginnt. Es gilt dabei: Wer zuerst kommt, mahlt zuerst. Sollten mehrere Blöcke die gleichen Transaktionen bestätigen, werden die anderen verworfen und die Validatoren gehen leer aus. Warum tut sich also jemand diesen Rechenaufwand an? Ganz einfach: Derjenige, der den Block berechnet, erhält aktuell 25 Bitcoins für seine Mühen. Daher auch der Begriff „Miner", denn mit der Lösung der Aufgabe erschafft er neue Bitcoins. Diese Belohnung wird alle 210.000 Blocks, das heisst ungefähr alle vier Jahre, halbiert.

Da jeder Block nach der Berechnung nicht mehr veränderbar ist, wird jede Überweisung und jede Umbuchung festgeschrieben - wie in einer grossen Excel-Datei, in der nur neue Einträge erstellt, und keine älteren gelöscht werden können.

Anders als im klassischen Banksystem sind diese Daten aber nicht unter Verschluss, sondern werden transparent an alle Knoten, also Endpunkte, im Blockchain-Netzwerk verteilt. Das hat den grossen Vorteil, dass es so gut wie unmöglich ist, dass eine Partei die Daten verändert. Denn da jeder nachfolgende Block der Hash-Wert des vorherigen Blocks ist, müsste die komplette darauf basierende Kette ebenfalls neu berechnet werden. Ohne einen riesigen Aufwand an Rechenleistung ist dies kaum machbar. Der Angreifer müsste nicht nur alle vorangegangenen Blocks neu berechnen, sondern auch konkurrierenden Validatoren zeitlich zuvorkommen.

Neben der unveränderbaren Struktur, ist die Transparenz einer der grossen Vorteile: Über die Blockchain lassen sich sämtliche Transaktionen nachvollziehen. Auf Blockchain.info kann beispielsweise jeder sehen, welche Bitcoin-Transaktionen durchgeführt werden. Anders als oft behauptet, ist Bitcoin also nicht komplett anonym. Im Gegenteil, der Weg einer Überweisung lässt sich von jedermann einsehen, nur die Nutzer hinter den Accounts sind anonymisiert. Sobald ein Nutzer bekannt ist, lassen sich seine Transaktionen im Netzwerk finden.

Praxisbeispiele und Anwendungsmöglichkeiten

Follow My Vote will die Manipulation von Wahlen mithilfe der Blockchain Technologie ein für alle Mal beenden. Die Macher sind der Meinung, dass sie somit eine Wahlplattform erstellen können, wo Wähler sicher und transparent abstimmen können. Kein schlechter Ansatz, denn das Thema E-Voting wird zwar immer wieder heiss gehandelt, aber aktuelle Lösungen sind entweder manipulierbar oder gegen künftige Herausforderungen nicht gewappnet.

Um sich für eine Abstimmung auszuweisen, könnte ein anderes Projekt, Onename, helfen. Nutzer können ihre eigene ID in der Blockchain registrieren und die Daten einsehen sowie ändern - wahlweise für Personen oder Unternehmen. Diese Profile lassen sich etwa in sozialen Netzwerken oder als digitale Visitenkarten nutzen. Entwickler könnten mit diesen sicheren IDs arbeiten und beispielsweise Login- oder Chat-Systeme damit koppeln.

Die Möglichkeiten scheinen fast unbegrenzt, vor allem im dezentralen Peer-to-Peer Bereich. Welche Alltagserleichterer den Entwicklern dazu noch einfallen, kann nur spekuliert werden. Aber mit Sicherheit ist es genauso spannend wie damals als die erste industrielle Revolution einsetzte: Ungeahnte Möglichkeiten, Chancen wie auch Gefahren kommen auf Firmen, sowie auf Privatpersonen zu. Die Weichen sind gestellt, der Zug rollt. Wie schnell er fährt und wohin die Reise geht, zeigen wir im dritten Teil: Die ersten Schritte mit dem Internet of Things.

Dritter Teil: Vom Internet of Things zur Industrie 4.0

Industrie 4.0, M2M und das Internet der Dinge sind unterschiedliche Themen mit gleichem Hintergrund: Bessere Vernetzung, zunehmende Miniaturisierung und fallende Hardwarekosten bereiten den Boden für sich selbst verwaltende Systeme. Oft spricht man heutzutage von Disruption, im gleichen Atemzug wie man Industrie 4.0 oder IoT erwähnt. Eine disruptive Technologie (engl. disrupt – unterbrechen, zerreissen) ist eine Innovation, die eine bestehende Technologie, ein bestehendes Produkt oder eine bestehende Dienstleistung möglicherweise vollständig verdrängt. Also gemäss dem Wirtschaftstheoretiker Schumpeter: Zerstörung des Bekannten und Aufbau des Neuen. Für die Schweizer Wirtschaft und ihre Spieler kann das zu folgenden, strategischen Fragen führen: Bleiben Produkte in der „Betreuungshoheit" des Produzenten (wie bei Opensource Software und Bitcoin)? Erwerben die Kunden nicht mehr das Produkt, sondern ein Nutzungsrecht (wie bei Spotify und Netflix)? Werden Hersteller zu Dienstleistern (wie Mercedes mit Car2Go)? Welche Bedeutung wird die „Share Economy" bekommen (die Uberisierung des Alltags)?

Neue Dienste und Geschäftsmodelle

Wer an Disruption denkt, wird vermutlich keinen Stein auf dem anderen lassen wollen. Aber was bedeutet das nun für Firmen, vornehmlich KMU, in der Schweiz? Müssen sie anfangen alles zu roboterisieren? Nein, auch wenn viele denken, dass eine einfache Roboterisierung genügt und dass ein paar Sensoren der Sache Leben einhauchen. Wie allerdings einführend erwähnt, geht es um Abläufe und Prozesse. Denn die Möglichkeit Daten, Dienste und entsprechendes Wissen miteinander zu kombinieren, kann zu innovativen Geschäftsmodellen führen, welche die neuen Kundenbedürfnisse bedienen können. Die Integration von Kunden und Geschäftspartnern in Geschäfts- und Wertschöpfungsprozessen, gewinnt durch Automatisierung und Optimierung eine höhere Bedeutung in Industrieunternehmen, ähnlich einer vertikalen Integration in der Wertschöpfung.

Die Wertschöpfungskette einer IoT-Lösung besteht aus fünf Elementen: Dem physischen Produkt, Sensoren, Connectivity-Technologien, einem Cloud-Backend für Analytics und dem digitalen Service. Der Mehrwert für den Kunden wird durch die intelligente Aggregation der Daten erzeugt. Zum Beispiel kann durch die Analyse von Beleuchtungsdaten im Haushalt eine Glühbirne über eine App als Alarmanlage dienen. Um eine werthaltige IoT-Lösung zu entwickeln, müssen alle Ebenen betrachtet werden.

Daneben bieten sich auch zahlreiche Chancen dank Optimierung und Individualisierung. Durch eine Reduktion der Komplexität kann ein kundenspezifisches, individuelles Produkt geschaffen werden, das identifizierbare Eigenschaften besitzt und die eigene Fertigung unterstützt. Des Weiteren kann eine Echtzeitsteuerung der Produktionsprozesse gezielte Optimierungen der gesamten Wertschöpfungskette ermöglichen, was schlussendlich zu Fehler- und Ausfallrobusten Produktionssystemen führt, welche virtuell und ad-hoc organisiert werden kann. Auch für die Ressourceneffizienz gibt es positive Auswirkungen. Die virtuelle Steuerung und Überwachung der Produktionsdaten ermöglicht es, den Ressourcenverbrauch zu optimieren und entsprechend schnell anzupassen.

Die Chancen für Industrieunternehmen welche mit Industrie 4.0 einhergehen, kann man also wie folgt zusammenfassen:

1. Wirtschaftliche und flexible Produktion (Adaption)
2. Steigerung der Maschinenverfügbarkeit (Produktionsmaximierung)
3. Steigerung der Ressourceneffizienz (Ressourcen sparen)
4. Effizientere Steuerung von Abläufen (Prozessoptimierung)
5. Adaptivere Inbetriebnahme von Maschinen und Anlagen (Flexibilität)
6. Integration von Partnern (Vertikalisierung)
7. Fehlerursachenanalysen und automatische Korrekturen (Optimierung)
8. Vernetzung und kontinuierliches Lernen und verbessern (Intelligenz)
9. Schaffen von neuen Geschäftsmodellen

Aller Anfang kann leicht sein

Doch um das Internet of Things zu erschliessen, ist keineswegs teures und spezielles Equipment nötig. Friedemann Mattern, Professor an der Eidgenössischen Technischen Hochschule (ETH) in Zürich, präsentierte auf der vom Münchner Kreis veranstalteten Fachkonferenz "M2M und das Internet der Dinge", ein einfaches, fiktives Projekt anhand von Schweizer Schokolade. Das eigentlich „dumme" Produkt (Schokolade) wird mit Hilfe eines Barcodes (auf der Verpackung) und eines Smartphones zum Leben erweckt. Mit der Verknüpfung zum Internet ergeben sich nun für den Schokoladenhersteller zahlreiche Optionen, das Produkt zu präsentieren und zu bewerben. Zudem liefert der Käufer wertvolle Kundeninformationen, etwa wo er die Schokolade zu welchem Zeitpunkt gekauft hat und wo er sich im Moment befindet.

Internet der Dinge: E-Health

Produkte wie Fitnessarmbänder oder Fitness Tracker versprechen gesundheitliche Überwachung für jedermann. Die smarten Begleiter am Unterarm nehmen über Sensoren Daten wie Pulsfrequenz, Blutdruck oder Schrittanzahl auf und leiten die erfassten Informationen in der Regel an eine Smartphone-App weiter. Die App generiert daraus anschauliche Diagramme oder ähnliche Grafiken. Manche dieser Wearables funktionieren sogar als Tattoos. Noch wichtiger sind medizinische Geräte wie implantierte und vernetzte Herzschrittmacher, die gefährdete Menschen im Alltag überwachen. Lebensbedrohliche Situationen werden automatisch Ärzten oder Notdiensten gemeldet.

Internet der Dinge: Smart-Home

Das Internet der Dinge hält in immer mehr Wohnungen Einzug. Das beginnt mit schlichter Temperaturmessung und macht vor intelligenten Haushaltsgeräten nicht halt. So ordern leere Kühlschränke selbstständig Lebensmittelnachschub oder Rasierer neue Klingen. Auch beim Smart

Home läuft die Steuerung und Datenerfassung nebst Auswertung vielfach über eine App. Darüber lassen sich beispielsweise Heizungen, Rolläden, Beleuchtung, Rauchmelder, Überwachungsanlagen und Einbruchsschutz bedienen. Solche Systeme sind auch für Unternehmen nützlich, unter anderem für die Kostenkontrolle und das Energiemanagement (Smart Metering).

Internet der Dinge: Smarte Autos

Das selbstfahrende Auto gehört auch zum Internet der Dinge, wird aber noch einige Zeit bis zum Marktstart brauchen. Doch schon heute lassen sich Wagen ohne Schlüssel per App öffnen und starten, helfen mit Assistenzsystemen beim Einparken, übernehmen in kritischen Situationen das Kommando über die Bremsen, halten sicheren Abstand zum Vordermann und melden zwecks Verkehrssteuerung Staus. Das Ziel sind mehr Komfort und Sicherheit. Ausserdem profitieren Unternehmen bei Geschäfts- und Dienstwagen oder ganzen Flotten von einer zentralisierten Auswertung der Fahrdaten. Denn damit lassen sich Routen optimieren und Einsatzpläne koordinieren, sowie steuerlich oder buchhalterisch wichtige Angaben unkompliziert dokumentieren.

Internet der Dinge: Smarte Produktion

Mit dem Internet der Dinge gewinnt auch die Industrie 4.0 an Fahrt. Werkelten früher Maschinen stumpfen vor sich hin, so sind heute ganze Werkshallen von vorne bis hinten vernetzt. Das erleichtert nicht nur die Steuerung und Überwachung ganzer Fertigungsstrassen. Möglich sind auch, dank flexibler Robotik und 3D-Druck, schnelle Wechsel zwischen verschiedenen Produkten, bis hin zu individualisierten Waren in Form von kleinen Serien oder Einzelstücken. Durch Just-in-time-Herstellung schrumpfen Lager. Die smarte Produktion, auch M2M-Kommunikation genannt, unterstützt das komplette Supply Chain Management, inklusive der Lieferantenauswahl.

Auf dem Weg ins Internet der Dinge wähnt sich auch BMW mit seinem Carsharing-Angebot "Drive Now". Zwar schöpft der Service noch nicht die gesamte Bandbreite der neuen technischen Möglichkeiten aus, doch schlägt er immerhin schon eine Brücke von der realen Welt der Autovermietung in die virtuelle Welt, wo Nutzer die verfügbaren Fahrzeuge orten, reservieren und buchen können. Der Fachkonferenz des Münchner Kreises galt „Drive Now" unter anderem als ein anschauliches Beispiel für einen IoT Anwendungsfall.

Epilog

Wohin die Reise führen wird wissen nun auch Sie. Wir stehen am Beginn einer (R)Evolution der Wirtschaftsgeschichte, welche an Tempo und Wirkung zunehmen wird, wie keine Industrielle Revolution vor ihr.

Die im Buch dargestellten Projekte zeigen, dass schon mit den heute verfügbaren Mitteln vieles umsetzbar ist. Die Technik für die Vernetzung von Produkten, Lieferketten und Lieferanten ist vorhanden. Auf Schwierigkeiten stossen viele Unternehmen bei der Neugestaltung der Prozesse, weil neue Abläufe häufig Abteilungs- und Unternehmensgrenzen überschreiten und unterschiedliche Datenquellen anzapfen. Noch schwieriger wird es, wenn unterschiedliche Branchen sich auf Schnittstellen für den Informationsaustausch einigen müssen. Wie Aufwendig ein solcher Unterfang werden kann, zeigen gerade die Energieversorgungs- und Automobilindustrie. Bislang ist es ihnen jedoch noch nicht nachhaltig gelungen, zum Beispiel die Elektromobilität und die erneuerbare und dezentrale Energiegewinnung langfristig und effizient zusammenzuführen. Aber wir arbeiten alle daran – Sie hoffentlich nun auch.

Über den Autor

Roger Basler ist Betriebsökonom FH und Unternehmens-Architekt. Er ist Referent und Autor seit mehreren Jahren und bekannt für innovative Geschäftsmodelle. Als Digital Native mit einer Vorliebe für Sprachen und fremde Länder war er lange als Berater im Ausland (u.a China, USA, Naher Osten sowie Nordeuropa) tätig.

In seiner Funktion als Unternehmens-Architekt steht er etablierten Unternehmen und Startups in der Schweiz, Deutschland und Österreich in den Bereichen Business-Development, Digitales Marketing und e-Commerce als Investor und unternehmerisch beteiligter Berater zur Seite.

Sie erreichen ihn via www.unternehmens-architekt.ch oder via LinkedIn

Buchempfehlung

Ich freue mich, wenn Ihnen mein Buch gefallen hat und möchte Ihnen an dieser Stelle ein Werk empfehlen, welches mich persönlich sehr inspiriert hat:

Die Null-Grenzkosten-Gesellschaft

Das Internet der Dinge, kollaboratives Gemeingut und der Rückzug des Kapitalismus

Jeremy Rifkin fügt in seinem Buch "Die Null-Grenzkosten-Gesellschaft. Das Internet der Dinge, kollaboratives Gemeingut und der Rückzug des Kapitalismus" die Zeichen einer neuen (Wirtschafts-) Zeit zu einem erkennbaren Bild zusammen. Aus unserer industriell geprägten Wirtschaft erwächst eine globale, gemeinschaftlich orientierte Gesellschaft. In ihr ist Teilen mehr wert als Besitzen, sind Bürger über nationale Grenzen hinweg politisch aktiv und steht das Streben nach Lebensqualität über dem nach Reichtum - das Internet der Dinge macht es möglich und es ist erst der Anfang.

Das Buch gibt es auf Amazon.

Haftungssausschluss

1. Auflage 2016 Autor, Herausgeber, Redaktion, Satz, Gestaltung (inkl. Umschlaggestaltung), Texte, Bilder, Titelbild: Roger Basler

www.ingramcontent.com/pod-product-compliance
Lightning Source LLC
Chambersburg PA
CBHW040820200526
45159CB00024B/3061